Issac Aguiar Luz

A Revelação de Deus

Issac Aguiar Luz

A Revelação de Deus

Na História na Constituição Dogmática Dei Verbum

CREDO EDICIONES

Imprint

Cover image: www.ingimage.com

Publisher:
CREDO EDICIONES
ist ein Imprint der / is a trademark of
International Book Market Service Ltd., member of OmniScriptum Publishing Group
17 Meldrum Street, Beau Bassin 71504, Mauritius

Printed at: see last page
ISBN: 978-613-1-44161-5

ISAAC AGUIAR LUZ

A REVELAÇÃO DE DEUS NA HISTÓRIA NA CONSTITUIÇÃO DOGMÁTICA DEI VERBUM

A REVELAÇÃO DE DEUS NA HISTÓRIA NA CONSTITUIÇÃO DOGMÁTICA DEI VERBUM

Ao meu pai, Sr. José luz e minha mãe Sra.Maria Aguiar Luz (*in memorian*), que através de suas simplicidades e sabedoria, que a partir de uma e experiência de fé, advinda dos Escritos Sagrados, transmitiram a mim uma viva esperança no Deus da Aliança que se dÁ a conhecer através de sua Palavra, Revelada e Transmitida a nós pela ousadia daqueles que nos precederam: Os profetas, o próprio Jesus continuando com seus apóstolos e discípulos até aos nossos dias.

AGRADECIMENTOS

A Arquidiocese de Londrina, em especial a D. Albano e D. Orlando Brandes pelo acolhimento e acompanhamento vocacional.

Ao meu orientador, o Prof. Pe Ms. César Braga de Paula

A todos os professores do Instituto Teológico Paulo VI, pelas primeiras reflexões teológicas;

Aos meus companheiros de turma, em especial ao Edivan, pelas discussões e confrontos acadêmicos que nos proporcionou vislumbrar um conteúdo teológico sistemático sem se descurar do magistério dogmático.

Às bibliotecárias da PUC Câmpus Londrina, e do Instituto Teológico Paulo VI.

A todos que vão ler criticamente este trabalho e suas respectivas sugestões de mudança, para melhorar a qualidade desse texto.

LUZ, Isaac Aguiar. **A Revelação de Deus na História na Constituição Dogmática Dei Verbum** 2007. 41f. Trabalho de Conclusão de Curso (Bacharelado em Teologia). Pontifícia Universidade Católica – Câmpus Curitiba, Curitiba, 2007.

RESUMO

O trabalho explicita como Deus se dá a conhecer ao homem num processo histórico-dinâmico através da auto-manifestação, por bondade e sabedoria divina. É Deus quem fala aos homens como amigos e os convida à comunhão consigo e nela os recebe. E a Palavra proclama as obras Deus e elucida o mistério Nela contido. Deus revela-se ao homem como Criador: explicitada e grafada em caracteres humanos sob inspiração do Espírito Santo, o que garante a autoria divino-humana das Escritures. E é por isso que a Verdade Escriturística pode conter erro de forma, mas nunca de conteúdo. Cristo é a plenitude dessa Revelação, mediante sua Encarnação, que é a revelação do Filho, e, por ele, do Pai. Jesus é o revelador do amor misericordioso de Deus Pai. É o ápice e o centro da revelação, superando todos os que vieram antes dele. Os profetas falaram do Messias, mas Jesus é esse Messias, é o Evangelho vivo na história da salvação. É pela tradição apostólica que se conhece a Revelação que foi encerrada com a morte do último apóstolo. A centralidade da Escritura para a fé da Igreja configura-se na estreita ligação que há entre a Tradição e a Bíblia, vista como seu ponto inicial, fundante. Já o Magistério é entendido como um serviço à palavra de Deus, gozando da sucessão apostólica e assistência do Espírito Santo, presente na Igreja e na vida de todos os fiéis, através do *sensus fidei*.

Palavras-chaves: Revelação. História. Tradição. Escritura. Magistério.Dei Verbum.

LUZ, Isaac Aguiar. **Revelation of God in the History in the Dogmatic Constitution Dei Verbum.** 2007. 41p. Final Paper Work. (Graduation in Theology). Pontifícia Universidade Católica do Paraná – Câmpus Curitiba, Curitiba, 2007.

ABSTRACT

This paper explicits how God gives itself to know to mankind in a historical-dynamic process through the his self-manifestation, for kindness and divine wisdom. It's God who speaks to human beings as friends and invites them to the communion with Him and in her receives them. And the Word proclaims the works of God and elucidates the mystery in Her contained. God is revealed to man as Creator: explicited and written in human characters under inspiration of the Holy Spirit, what guarantees the divine-human authorship of the Scriptures. .And it is for that that the Scripture true may contain form mistake, but never of content. Christ is the fullness of that Revelation, by his Incarnation, which is the revelation of the Son, and by him, of the Father. Jesus is the discloser of God Father merciful love. It is the apex and the center of the Revelation, overcoming all the ones that came before him. The prophets spoke about the Messiah, but Jesus is that Messiah, He is the Living Gospel in the history of salvation. It's by Apostolical Tradition that Revelation is known, closed up with the death of last apostle. The centrality of the Scriptures for the Church faith has its configuration in the close link that there is among Tradition and the Bible, seen as its fundamental starting point. Magisterium is understood as a service to the word of God, enjoying the apostolic succession and the attendance of Holy Spirit that is presents in live of the Church and of all the faithful, by the *sensus fidei*.

Key: Words: Revelation. History. Tradition. Scripture. Magisterium. Dei Verbum

SUMÁRIO

INTRODUÇÃO

O presente trabalho tem como objetivo refletir como se dão as múltiplas relações entre a Tradição, Escritura e Magistério na ótica da Constituição Dogmática *Dei Verbum* (DV). Esse documento conciliar trata da Revelação de Deus na história humana que, por conseguinte, é a base e o conteúdo fontal da Teologia Fundamental.

O trabalho quer mostrar sucintamente o desenrolar da trama escrita referente à Tradição, Escritura e Magistério e suas múltiplas relações na ótica da *Dei Verbum*. E, tem como objetivo incentivar a leitura desse documento bem como oferecer elementos para uma pré-compreensão e facilitar o entendimento de alunos de teologia e também estudiosos leigos. O presente texto pretende trabalhar de modo novo o tema das inter-relações. Tendo em vista que outros autores renomados como: LATOURELLE (1972) SESBOÜÉ (2006), PIÉ-NINOT (2001) e outros, comentaram e pautaram suas teses na *Dei Verbum*. Todavia, seus escritos estão dentro de grandes textos, e muitas vezes podem passar despercebidos. Esse trabalho é uma breve síntese e explicita as múltiplas relações, nos horizontes da *Dei Verbum*, não contendo outros assuntos, facilitando a compreensão do documento conciliar.

O tema da Revelação, contido na *Dei Verbum*, pode entusiasmar e fascinar seus leitores. E, partindo desse pressuposto decidi refletir e apresentar de forma sucinta como se dão as múltiplas relações entre a Tradição, Escritura e Magistério e o que isso pode influenciar na Teologia Fundamental, a partir desse documento Conciliar.

A Constituição Dogmática *Dei Verbum,* que trata sobre a revelação divina, é um documento relativamente pequeno, composto de apenas 26 números. No entanto, sua densidade e riqueza é de conteúdo incomensurável. E é interessante notar como o documento trata de modo conciso um assunto de fundamental importância para a Teologia Fundamental e para todos os cristãos presentes no mundo.

E, por ser um assunto bastante amplo, está direcionando para as múltiplas relações entre: Tradição Escritura e Magistério na ótica da *Dei Verbum,* que tem como objetivo resgatar estas relações de mútua ajuda entre Tradição, Escritura e Magistério que é um desafio e, ao mesmo tempo, uma necessidade do Concilio

Ecumênico Vaticano II, que é marco referencial para Igreja, a partir dos anos 1960, resultado de uma caminhada histórica da Igreja que configurou com os Concílios anteriores.

A *Dei Verbum* apresenta o mistério da auto-manifestação de Deus na história humana e, ao mesmo tempo, evidencia como o homem foi descobrindo e relacionando-se com o seu Deus. A Revelação foi anunciada, em princípio, pelos patriarcas e profetas, chegando à plenitude em Jesus Cristo com o mistério da sua Encarnação, centro e ápice da Revelação de Deus na história humana. É a partir de Jesus Cristo, o Verbo, marcado pela historicidade e fragilidade humana, que o homem pode ter acesso a um Deus amor e misericordioso; cuja principal tese do tema é: Como se dá a Revelação e as múltiplas relações existentes entre a Tradição, Escritura e Magistério e como essas estruturas podem relacionar-se e serem a base da Teologia Fundamental? E, dessa tese principal do tema, geram-se outras hipóteses na construção orgânica do texto escrito.

O entrelaçamento das idéias que versa sobre a auto-manifestação de Deus na história humana foi sendo construída e posteriormente escrita. E o questionamento desse período é: Como Deus pode ser o autor dos Escritos Sagrados e estes, ao mesmo tempo, também serem obra humana? Como Deus pode deixar por escrito seu mistério através do hagiógrafo?

Uma terceira hipótese baseia-se no seguinte questionamento: Como o Magistério se relaciona com a Sagrada Escritura e sendo o seu Agente transmissor é ainda o seu guardião? Qual a função do Magistério no que se refere ao *Depositum fidei*? Como é possível a infalibilidade papal na vida da Igreja?

O presente trabalho está dividido em três capítulos. No primeiro momento, que trata da Revelação e Escritura, o documento do Vaticano II enfoca a Revelação, destacando toda a dinâmica do processo de um Deus que se dá a conhecer ao homem, não por seus méritos, mas por bondade e sabedoria divina. Importante ressaltar que a Revelação se dá como um processo, e é Deus que se revela ao homem numa economia de salvação. E tal salvação é explicitada e grafada em caracteres humanos sob inspiração do Espírito Santo formando a Tradição Escrita da Verdade da auto-manifestação de Deus na realidade temporal da humanidade.

O segundo capítulo versa sobre a Tradição Apostólica, apresentando a Tradição como receptora dessa Revelação, que por seu turno, também, é responsável por transmiti-la às gerações futuras de todos os tempos e lugares. É nesse sentido que a Tradição Apostólica apresenta Cristo como o Evangelho vivo. E, por isso, pode-se afirmar que é pela Tradição Apostólica que se conhece a Revelação que foi encerrada em Cristo, que é a experiência fundante da fé cristã, difundida pela Igreja católica. E a centralidade da Escritura para a fé da Igreja configura-se na estreita ligação que há entre a Tradição e a Bíblia que, é vista como seu ponto inicial, fundante.

Por fim, o terceiro capítulo trata do Magistério Eclesial. Para compreendê-lo, faz-se necessário evocar o *Sensus fidei,* presente na Igreja e na vida de todos os fiéis. Tal Magistério é entendido como um serviço à Palavra de Deus, gozando da sucessão apostólica e assistência do Espírito Santo. Por isso, o Magistério tem na Igreja a "*função-missão*" de ensinar com a autoridade a ele conferida por Cristo. E que, por seu turno, pode ser compreendido em duas funções específicas: O Magistério Ordinário e o Magistério Extraordinário ou solene.

1 A REVELAÇÃO

1.1 REVELAÇÃO COMO PROCESSO

Embora etimologicamente o termo revelação (*revelatio*) queira dizer tirar o véu, ele não é um conceito unívoco. Segundo a reflexão de Pié-Ninot (2001, p. 24), fora do contexto religioso, indica uma comunicação surpreendente e inesperada de um conhecimento que tem significado profundo para a vida e para o mundo. Também designa a ação com que uma pessoa confia livremente pensamentos e sentimentos á outra pessoa, trazendo-a para seu mundo particular e espiritual. Já em ambiente teológico e cristão, o conceito de revelação demorou a se estruturar, porém sempre buscou refletir o evento fundamental da história salvífica do cristianismo: que Deus se conhece por meio do próprio Deus.

Essas são noções que, de certa forma, fazem-se presentes no documento *Dei Verbum,* do Vaticano II, sobre a Revelação Divina, sobretudo no seu primeiro capítulo, dedicado ao tema da revelação, que é o núcleo da Teologia Fundamental.

Por meio deste documento pode-se aperceber toda a dinâmica do processo de um Deus que se dá a conhecer ao homem, não por mérito deste, e sim por bondade e sabedoria divina. É Deus que se revela a si mesmo, numa economia de salvação, pela qual, "levado por seu grande amor, fala aos homens como amigos para os convidar à comunhão consigo e nelas os receber" (DV, 1991, n. 2, p. 122). Trata-se de uma realidade que se dá "através de acontecimentos e palavras intimamente conexos entre si, de forma que as obras realizadas por Deus, na História da Salvação manifestam e corroboram os ensinamentos e realidades significadas pelas palavras. Estas, por sua vez, proclamam as obras e elucidam o mistério nelas contido" (DV, 1991, n. 2, p. 122).

Nessas considerações sucintas, alguns termos ajudam a compreender-se o que se pode entender por revelação, na linha do que foi apontado por Pié-Ninot (2001, p. 24). É *o invisível* que se mostra, cujas obras na história visam torná-la compreensível à experiência espaço-temporal do ser humano a dimensão do *mistério salvífico* de Deus. Pois, Deus mesmo se comunica, fala com os seres humanos, já que os tem como amigos, mostrando-lhes, na história, seu projeto de salvação. A Revelação Divina, assim, é sempre uma livre iniciativa de Deus, procede de sua bondade. Em outros termos, saindo do seu mistério, Deus rompe seu silêncio, interpelando o ser humano, numa relação de intimidade.

O texto da *Dei Verbum* 3 aponta como acontece a dinâmica da revelação, e seus principais momentos. Como dado salvífico, começa já com a criação, por meio do Verbo, na qual Deus mesmo se manifesta a nossos primeiros pais. Na queda da humanidade, Deus mantém a possibilidade de salvação àqueles que o procuram. A *Dei Verbum*, ainda aponta que, nesse processo, através da figura dos patriarcas e dos profetas, Deus ensina seu povo a reconhecê-lo como único Deus, como aquele que cuida, e, ao mesmo tempo, esperar pela vinda do Salvador prometido. Latourelle afirma que "o mesmo Deus que criou o cosmos manifestou-se na história humana (...) O mesmo Deus que se manifestou à humanidade por seu Verbo criador, é também o Deus salvador" (1972, p. 378).

É nesse sentido que a *Dei Verbum* diz: "Pela revelação divina quis Deus manifestar-Se e comunicar-Se a si mesmo e os decretos eternos de Sua vontade acerca da salvação dos homens" (DV, 1991, n. 6,1, p. 124). O texto ressalta também que as coisas divinas podem ser conhecidas pela razão humana. Com efeito, a revelação divina é a auto-comunicação e auto-manifestação de Deus na história humana. Ele não apenas comunica coisas, mas se auto-comunica pessoalmente a ponto de transformar o processo histórico de Revelação divina em história da Salvação do ser humano. Dessa forma, a história emerge como elemento fundamental para a compreensão da revelação; ela não é elemento secundário, mas especifica da revelação cristã, com seu ápice em Cristo.

Assim sendo, a revelação cristã apresenta uma forte relação com a dimensão histórico-cultural do ser humano. A Revelação Divina não foi dada de uma única vez por Deus, como se encontra consignado nas Escrituras. É a história humana vivida na perspectiva da intervenção divina, da revelação, que foi sendo escrita. A Bíblia, assim, narra justamente os gestos de Deus na história, e também expressa suas

Palavras ao ser humano, em vista de sua salvação. Os textos bíblicos indicam sobretudo a fixação, por escrito, a dimensão dialogal presente na *Dei Verbum,* "maneira pela qual Deus se transmite à humanidade" (BLANK, 2005, p. 29). Isso tudo com roupagem e esquemas mentais e culturais dos diversos períodos da história dos hagiógrafos, isto é, a auto-comunicação divina é sempre experimentada por pessoas vinculadas à cultura na qual se encontram inseridas.

As Escrituras, portanto, resultam da dupla dimensão mesma da revelação: divina e humana. Elas permanecem Palavra de Deus, em palavras humanas, enquanto realidade que dá inteligibilidade e expressão históricas da auto-comunicação e auto-manifestação divina. E é porque elas tratam da revelação divina que se pode dizer que a Bíblia é *norma normanda* para a fé cristã e, conseqüentemente, para a teologia.

1.2 CRISTO, PLENITUDE DA REVELAÇÃO

O livro de Hebreus (1,1-2) atesta o movimento da auto-comunicação de Deus na pessoa de Jesus, expressando a forma como Deus mesmo realiza esse processo. Diz o texto: "Muitas vezes e de modos diversos falou Deus, outrora aos Pais pelos profetas; mas agora, nestes dias que são os últimos, falou-nos por meio do Filho, a quem constituiu herdeiro de todas as coisas, e pelo qual fez os séculos" (BÍBLIA, 2002, p.2085).

Trata-se de uma passagem fundamental da revelação, na qual a *Dei Verbum* alicerça sua afirmação: Cristo como plenitude da revelação. "A encarnação do Filho, concretamente entendida, é a revelação do Filho, e, por ele, do Pai" (LATOURELLE, 1972, p.383). Jesus é o revelador do amor misericordioso de Deus Pai. Havendo em Jesus uma uniformidade entre seu modo de pensar, de falar e de agir de tal forma que, segundo o evangelista João, quem vê Jesus vê igualmente o Pai. Por isso, é o ponto mais alto da revelação, superando todos os que vieram antes dele. Pois, todos os profetas falaram da vinda de um Messias, mas Jesus é esse Messias e fala diretamente do Pai, *Abbá,* conforme vemos em Mc 14,36 (BÍBLIA, 2002, p.1781) declarando-se como Filho.

Nessa perspectiva, Jesus é a máxima revelação do amor do Pai. Em Jesus, há uma integração da revelação e da história da salvação, sendo o ápice e o centro do evento salvífico de Deus na realidade humana. É na pessoa de Jesus que se concretiza tudo o que a lei mosaica e os profetas haviam falado. Em Jesus está a centralidade da história: havendo um antes, com a lei e os profetas, e um depois, com os apóstolos e discípulos até aos dias de hoje.

A manifestação de Jesus, portanto, é de caráter histórico, como atesta João (1,1) e (1,14). "No princípio era o Verbo e o Verbo estava com Deus e o Verbo era Deus . E o verbo se fez carne e habitou entre nós" (BÍBLIA, 2002, p. 1842-3) E essa afirmação da historicidade é verificável na *Dei Verbum:*

> Pela plena manifestação de si mesmo por palavras e obras, sinais e milagres, e especialmente por sua morte e gloriosa ressurreição dentre os mortos, enviando finalmente o Espírito de verdade, aperfeiçoa e confirma com o testemunho divino de que Deus está conosco para libertar-nos das trevas do pecado e da morte e para ressuscitar-nos para a vida eterna (1991, n. 4,1, p.123).

Para a antiga Aliança o que importava era o futuro, o que estava por vir, o Messias referenciado nas Escrituras judaicas. Acerca da relação dessa espera com a vinda de Cristo, Arenas afirma que:

> Cristo não é um dos mediadores da revelação de Deus, mas é o mediador absoluto, por que é a Palavra do Pai, o Filho de Deus feito homem, que irrompe a história humana para trazer a salvação. Nele se revelou, de modo definitivo e irrevogável, a vontade salvífica de Deus, através de um fato único e irrepetível: a encarnação do Logos divino (1995, p 108).

Na mesma linha, Latourelle sublinha que é "Pois, esse resplendor que atesta que o Cristo está verdadeiramente entre nós como o *Emanuel*, o Deus-conosco, agindo e conversando com os homens, para libertar-nos do pecado e da morte, ressuscitando-nos para a vida eterna" (1972, p. 383). Cristo é, pois, a Palavra eterna de

Deus, o Filho único do Pai, enviado aos homens para lhes revelar a vida intima de Deus, e inaugurar a nova e definitiva aliança no seu sangue (LATOURELLE, 1972, p. 383).

Jesus, como centro, torna-se o modelo de filiação e, ao mesmo tempo, o destinatário e o mediador universal da salvação. Nele, a revelação atinge a plenitude, estando aberta para interpretações e atualização da linguagem, mas Cristo é o principio e o fim da revelação. Assim, "Jesus Cristo, a Palavra substancial de Deus, é essa Palavra que, mediante a encarnação, nos fala, falando-nos de homem para homem" (LATOURELLE, 1972, p. 381). Deus revestido da humanidade do homem pode falar da Palavra eterna com palavras humanas, usando os meios humanos para falar aos homens sobre as coisas de Deus, e se fazer entender por estes.

Nessa ótica, Latourelle aponta que o Concílio afirma que "Jesus Cristo é a Palavra de Deus que se fez carne (*Verbum caro factum*), que se tornou um de nós, isto é, homem; Palavra que foi enviada aos homens para se encontrar com eles e atingi-los em seu próprio nível" (1972, p. 381). Essa dinâmica estabelece uma relação essencial entre a economia da Encarnação e a Revelação:

> Da mesma maneira que o homem, para comunicar seu pensamento, o reveste de certo modo, com letras e sons, 'assim também Deus, querendo manifestar-se aos homens, revestiu de carne, no tempo, seu Verbo concebido desde toda a eternidade' (LATOURELLE, 1972, p. 472).

Essa reflexão fundamenta-se no pensamento de Santo Tomás. Ele pretendia ver a maravilhosa pedagogia de Deus, que para entrar em diálogo com o homem, escolhe sua própria natureza. Para que o seu Verbo eterno nos pudesse falar de Deus, e, ao mesmo tempo, nos revelar a nossa condição de filhos qualificados pelo mistério divino (ARENAS 1995, p 109). É Jesus Cristo, como Palavra de Deus que pronuncia as palavras de Deus, levando, assim, à plenitude a obra da salvação a ele confiada. Dessa forma, Jesus, o revelador, é o verbo feito carne, enviado como 'homem aos homens'. E como já afirmara Rahner "O destino humano de Cristo é a revelação absoluta de Deus. Em Jesus, Deus é, ao mesmo tempo, revelador e revelado" (Apud SESBOÜÉ, 2006, p. 429).

Jesus Cristo, enquanto o Verbo enviado de Deus, revela o que Deus é através de uma coerência perfeita entre o que diz, o que faz e o que Ele é. Nele, Deus passa a ter um rosto humano. É por essa realidade que em João (14, 9b). ele afirma: "Quem me vê, vê o Pai" (BÍBLIA, 2002, p. 1880). "Esse rosto e essa presença querem relacionar pessoalmente com os homens. Cristo é, pois, a revelação em pessoa" (SESBOÜÉ, 2006, p. 429). A missão do Espírito também faz parte da obra reveladora do Cristo e a leva a termo. O Espírito sem nada inovar, introduz na plenitude a verdade revelada, o pleno cumprimento de tudo. É o Espírito que dá aos apóstolos a memória viva, a inteligibilidade dos gestos e palavras do Cristo (LATOURELLE, 1972, p. 383).

Jesus, como revelação do Reino de Deus, dá pleno complemento ao processo histórico da salvação, o que vem assim explicitado na *Dei Verbum:* "A economia cristã, pois, como a aliança nova e definitiva, jamais passará e já não há que esperar nenhuma nova revelação antes da gloriosa manifestação de Nosso Senhor Jesus Cristo" (DV, 1991, n. 4,2, p. 123).

A Revelação, portanto, conforme vem apontada no desenvolvimento do texto até aqui, é o conteúdo da teologia fundamental, como reflexão de fé e para a fé cristã. Essa, por sua vez, é uma disciplina teológica feita a partir de dados escriturísticos e também da Tradição. Essas duas dimensões condensam a experiência fundante do processo histórico da revelação divina, em vista da salvação do ser humano.

1.3 INSPIRAÇÃO E REVELAÇÃO BÍBLICA

Tendo em vista a perspectiva histórica e divina da auto-manifestação de Deus, podemos dizer que a inspiração bíblica não deve ser separada da revelação, mas também não deve ser confundida com a revelação. A inspiração, necessariamente, precisa ser entendida como um dom carismático de Deus, para capacitar o ser humano em vista de relatar o mistério salvífico de Deus, através da hagiografia escriturística, grafando a Verdade eterna em caracteres humanos. É Deus mesmo quem inspira o homem, mas é este quem escreve, possibilitando relatar os mistérios de Deus na história humana, exprimindo a revelação e a auto-manifestação divina na realidade temporal da compreensão humana. Nesse sentido, afirma a *Dei Verbum:*

> As coisas divinamente reveladas, que se encerram por escrito e se manifestam na Sagrada Escritura, foram consignadas sob inspiração do Espírito Santo. Pois a Santa Mãe Igreja, segundo a fé apostólica, tem como sagrados e canônicos os livros completos tanto do Antigo como do Novo Testamento, com todas as suas partes, porque, escritos sob a inspiração do Espírito Santo, eles têm Deus como autor e nesta sua qualidade foram confiados à mesma Igreja. Na redação dos livros sagrados Deus escolheu homens, dos quais se serviu fazendo-os usar suas próprias faculdades e capacidades, afim de que, agindo Ele próprio neles e por eles, escrevessem, como verdadeiros autores, tudo e só aquilo que Ele próprio quisesse (1991, n. 11,1 p.128).

O texto acima aponta que a realidade da inspiração, necessariamente, pressupõe a fé, e sem a fé tudo se torna difícil e até absurdo. Assim, com a especial assistência do Espírito Santo, no que se refere aos Escritos Sagrados, por inspiração, o documento conciliar atesta a Verdade neles contido bem como afirma que Deus é o seu autor, podendo eles assim conter, na íntegra, a revelação de Deus através da Palavra escrita. "Com efeito, a Sagrada Escritura é a palavra de Deus enquanto escrita por inspiração do Espírito Santo" (ARENAS, 1995, p. 235).

A inspiração e a revelação são realidades tão indivisas que, para tornar possível o entendimento da inspiração, faz-se necessário entender o mistério da *Encarnação*. Pois sem a *Encarnação,* não poderia haver a redenção do homem e, por conseguinte, a realidade mistérica da salvação. A Encarnação é o mistério central da auto-comunicação de Deus, tornando possível se falar de teologia fundamental. O evento da Encarnação torna-se central nesse processo da Revelação divina, conforme atesta Hebreus 1,1-2 (BÍBLIA, 2002, p. 2085). Assim, é mediante a revelação consumada pelo Filho que, se orienta e se explica a inspiração da Escritura.

No que se refere à autoria dos textos Sagrados, diz a *Dei Verbum* que:

> Deus, na sagrada Escritura, falou através de homens e de modo humano, deve o intérprete da Sagrada Escritura, para entender o que Deus nos quis transmitir, investigar atentamente o que os hagiógrafos

> de fato quiseram dar a entender e aprouve a Deus manifestar por suas palavras (1991, n. 12,1, p. 130).

Em outros termos, os textos sagrados foram autenticamente produzidos por comunidades ou por autores singulares, não sendo estes simplesmente *causa instrumental secundária* ou *instrumentos* passivos do Espírito como se chegou a afirmar durante muito tempo.

> Os escritores sagrados são '*verdadeiramente autores*', na mediada em que escrevem a partir dos seus conhecimentos. Nada, pois dá a idéia de '*ditado*'. Contudo, essa atividade dos autores humanos carece de sucessivas interpretações (SESBOÜÉ, 2006, p. 429).

É desse fato, ou seja, da necessidade de aprofundamentos na compreensão da totalidade da revelação contida nos textos sagrados, que decorre toda a atuação do Magistério, cuja tarefa é sobretudo interpretar e atualizar a Palavra de Deus. Essa sua missão é preparada e seguida pela produção da teologia.

A verdade da revelação, contida na Bíblia, é o fato de ser Deus mesmo o seu autor. E isso se afirma por meio da noção de Inspiração. A Inspiração bíblica contém a verdade daquela experiência fundamental da auto-manifestação de Deus, dando à Bíblia um status de autoria divina, sem, no entanto, suprimir o trabalho humano na redação. Por conter uma realidade divina, inspirada por Deus, pode-se afirmar a inerrância da Verdade revelada, que é de natureza salvífica, contida na Sagrada Escritura. Mas, por ser de autoria humana, ela pode conter erros de forma com relação à mesma Verdade, nunca de conteúdo.

Esse modo de ver a autoria da Bíblia abriu veios para se utilizar as ciências modernas na interpretação e atualização da Palavra de Deus sem, contudo, relativizar ou desvalorizar a revelação, bem como sua autoria humana. Podendo ser considerados todos os fatores que circundam a realidade geo-espacio-temporal da humanidade. Nessa mesma ótica, Blank (2002, p. 22) enfatiza que:

> O próprio Concílio do Vaticano II, assumindo o resultado das pesquisas histórico-críticas, declarou de maneira bem explícita que as informações sobre Deus encontradas nos textos bíblicos não podem ser lidas em

> termos de informações ditadas, fixas e pré-determinadas. Contudo, apesar deste fato, mantém-se a convicção clara de que os livros bíblicos falam sem erro do Deus verdadeiro, e que os seus textos foram inspirados pelo próprio Espírito de Deus

É justamente por haver uma relação integradora entre o autor divino e o escritor humano é que a Bíblia permanece aquilo que sempre foi: Palavra de Deus em linguagem humana. O divino que valoriza o humano e o humano que explicita a realidade divina, revelando-O em sua plenitude ao homem. E de certa forma, jamais pode ser entendido como um livro científico ou histórico, pois nele está um conteúdo teológico, reservando a seu tempo uma mensagem libertadora e salvífica ao ser humano, situado num tempo específico numa realidade histórica.

2 TRADIÇÃO APOSTÓLICA

2.1 FORMAÇÃO DA TRADIÇÃO

O termo grego que dá origem à palavra tradição é *parádosis*. Trata-se de um conceito com duplo sentido: entrega e transmissão do que se recebeu. *Traditio* indica também esses sentidos, ou seja, a dimensão ativa (*tradere*) e a passiva (*traditium*) da tradição, em que ocorre uma espécie de compromisso de transmitir a outros aquilo que se lhe foi entregue. O capítulo dois da *Dei Verbum* aborda justamente dessas relações, isto é, da importância da Tradição na transmissão da Revelação Divina.

Ampliando a essa a temática, pode-se enfatizar que a Tradição Apostólica se apresenta como receptora dessa revelação e é responsável por transmiti-la às gerações de todas as épocas e lugares. Nesse sentido, a *Dei Verbum* sublinha que a pregação oral e escrita dos apóstolos resulta diretamente de uma ordem de Cristo mesmo, enquanto Evangelho vivo. Em outros termos, Jesus confia seu Evangelho primeiramente às testemunhas próximas, os apóstolos, depois aos sucessores deles, os bispos, transmitindo-lhes o encargo de Magistério (DV, 1991, n.7,1-2, p. 125).

Com efeito, a pergunta sobre a Tradição eclesial envolve justamente a dimensão histórica da recepção e transmissão da auto-comunicação divina em Cristo, que é em si um evento histórico. É pela tradição apostólica que se conhece a revelação. Sendo encerrada em Cristo, e é a experiência fundante da fé cristã, estando também na origem da transmissão. O problema é assegurar a continuidade, a identidade e a unidade desse processo ao longo da história, para que a mensagem possa fazer sentido ao ser humano de todos os tempos. O texto da *Dei Verbum* também deixa entrever essa dinâmica, quando afirma:

> Por isso, a pregação apostólica, que é expressa de modo especial nos livros inspirados, devia conservar-se por uma sucessão contínua até a

> consumação dos tempos. Por isto os Apóstolos, transmitindo aquilo que eles próprios receberam, exortam os fiéis a manter as tradições que aprenderam, seja oralmente, seja por carta (cf. 2Ts 2,15) e a combater pela fé que se lhes transmitiu uma vez para sempre (Jd 3). O que, porém, foi transmitido pelos Apóstolos compreende todas aquelas coisas que contribuem para santamente conduzir a vida e fazer crescer a fé do povo de Deus, e assim a Igreja, em sua doutrina, vida e culto, perpetua e transmite a todas gerações tudo o que ela é, tudo o que crê (1991, n. 8,1, p. 126).

Nessa passagem, podemos entrever as duas dimensões do conceito de tradição, ou seja, uma vez que a Tradição nasce da pregação apostólica (SESBOUÉ, 2006, p. 439), o ato de transmitir será sempre contínuo e dinâmico. A figura dos apóstolos é importante para entender o que e como foi sendo formada a tradição eclesial, já que eles não transmitiram apenas doutrina; mas, também a vida e o culto que constituem a Tradição. Em outros termos, deram testemunho do mistério de Cristo, que é maior do que a mera pregação oral que os apóstolos realizaram antes mesmo das Escrituras: inclui culto, sacramentos, instituições, comportamento moral. "Pela Tradição perpetua-se não apenas a fé da Igreja, mas toda a *sua vida*", afirma Latourelle (1972, p. 392).

Assim sendo, a Tradição se forma no contexto da liturgia, da pregação, dos escritos e das práticas mesmas da Igreja, num processo vivo que faz perdurar na história a revelação do mistério de Cristo.

A Tradição não é vazia, fechada em si mesma, engessada num dado momento histórico, como muitos tendem a pensar. Ela não visa a conservação do que já se tem, uma vez que se refere à dinâmica da história da salvação e na experiência sempre nova daquela revelação realizada em Cristo, como resposta de fé do crente de todas as épocas e regiões. Em outros termos, a Tradição não comunica apenas uma experiência do passado, já que seu conteúdo mesmo não é formado de coisas, mas é pessoal, e ocorre na história. Em Cristo temos a plenitude da revelação, como força viva e vivificante da Tradição que se formaria a partir da experiência histórica desse evento salvífico. É nessas realidades que localiza o caráter dinâmico da Tradição, fundamental para a identidade da fé cristã e também para ampliação do seu significado para os homens e mulheres de ontem e de hoje.

Essa dinamicidade na noção de Tradição é reconhecida pela *Dei Verbum*: "Esta Tradição, oriunda dos Apóstolos, progride na Igreja sob a assistência do Espírito Santo. Cresce, com efeito, a compreensão tanto das coisas como das palavras transmitidas" (DV, 1991, n. 8,2, p. 126). Trata-se de uma realidade que se liga à progressão da Tradição em termos de sua compreensão e aprofundamento. De outra forma, não é a Tradição que aumenta, uma vez que implicaria novos elementos em termos da revelação, "mas a percepção sempre mais profunda que adquirimos das coisas e das palavras transmitidas" (LATOURELLE, 1972, p. 392).

Enfim, se a Igreja da época dos apóstolos foi importante no processo de transmissão da Revelação, sobretudo por sua pregação oral e escrita, com a adesão cada vez maior à mensagem cristã, a Igreja vai se organizando ao longo dos séculos no sentido de sempre buscar dar testemunho daquela mesma fé apostólica. A *Dei Verbum* faz referência a isso quando sublinha que os Padres da Igreja e a Liturgia são testemunhas privilegiadas da Tradição (DV 1991, n.8,3, p, 126). Para Latourelle, o valor dos primeiros se encontra não tanto na proximidade com os tempos apostólicos, mas sim no "fato de terem sistematizado em seus escritos a revelação recebida, crida e vivida na Igreja" (1972, p. 392-393). A segunda diz respeito sobretudo àquela dimensão não escrita da Tradição, uma vez que recolhe elementos significativos para o aprofundamento da fé da Igreja nos séculos: *lex orandi statuat lex credenti,* a oração contém as verdades da fé, ou seja, o que se reza é aquilo que se crê.

A Igreja Católica só tem sentido enquanto fundada na Tradição que recebeu dos apóstolos, donde haure as riquezas da sua prática da fé. A Tradição apostólica tem uma dimensão normativa na vida da Igreja ao longo da história, justamente por causa do testemunho vivo dos apóstolos acerca da revelação de Deus. E isso vem sendo reconhecido sobretudo quando se trata de estudos teológicos. Dificilmente não se recorre à Tradição para a compreensão de temas que interpelam nossa fé hoje.

2.2 O CÂNON BÍBLICO

Cânon vem do grego, *Kanon,* uma espécie de 'cana', usada como instrumento de medição, medida ou norma e, a partir daí, o termo evoluiu para o sentido moral ou norma de fé em relação ao conteúdo bíblico. O cânon bíblico é a lista dos livros do Antigo e Novo Testamento inspirados por Deus e, conseqüentemente, normativos para a fé e a vida moral dos fiéis. E, desde o início, nas comunidades cristãs primitivas, já havia a centralidade dos Evangelhos, tidos como a voz do próprio Jesus Cristo.

O cânon dos livros inspirados formou-se já na era apostólica, sendo encerrado com a morte do último apóstolo. Contudo, a Igreja Católica só pronunciou o fechamento do cânon definitivamente no Concílio de Trento, em 1546 (MACKENZIE, 1983, p. 140). Já os livros que se apresentaram como sendo inspirados e não entraram no cânon são conhecidos como apócrifos. Ficaram de fora do Cânon Católico justamente por não serem considerados inspirados, todavia, não foram banidos da Igreja. Apenas não contam para definições litúrgicas ou doutrinais. São utilizados mais para ampliação de horizonte histórico de certas discussões, como por exemplo, as heresias, ou mesmo como literatura.

A Bíblia, como norma e referencial de fé, aceita pela comunidade, chegou até nós pela mediação de dois momentos importantes. Primeiro momento: a comunidade recebe os escritos de modo informal, e aos poucos toma consciência de seu valor de escritura inspirada. Segundo momento: quando a comunidade está vivenciando período de crise, o escrito é formalmente aceito como uma norma de fé, tendo o valor de Escritura Sagrada, tornado-se canônico.

A tradição judaica recebeu como vinda de Deus e dotada de autoridade várias obras que reuniu numa coleção tripartida: Lei, profetas e outros escritos. A Igreja recebeu da Sinagoga essas Escrituras e a fé em sua inspiração. Posteriormente, acrescentou ao lado do Antigo Testamento, os seus próprios escritos, o Novo Testamento. O Magistério da Igreja, também, considerou válidos e inspirados os livros do Novo Testamento, mas superior ao Antigo por seu objeto (ARENAS, 1995, p. 256).

Por isso, a Igreja assume como Palavra de Deus, revelada por excelência tanto no Antigo como no Novo Testamento, e estes escritos não podem ser entendidos plenamente fora da fé que nasce na e da Igreja. Há, então, a forte presença da Tradição que se forma em torno do processo de revelação e sua transmissão ao longo da história. Em outros termos, o que está consignado nos livros canônicos liga-se diretamente à revelação transmitida pela Tradição, conforme atesta a *Dei Verbum*.

> Pela mesma Tradição torna-se conhecido à Igreja o Cânon completo dos livros sagrados e a próprias Sagradas Escrituras são nela cada vez mais profundamente compreendidas e se fazem sem cessar atuantes; e assim Deus que outrora falou mantém permanente diálogo com esposa de seu dileto Filho, e o Espírito Santo, pelo qual a viva voz do Evangelho ressoa na Igreja e através dela no mundo (1991, 8,3, p. 126-7).

Vale recordar que o Cânon não pode se visto separado da Inspiração, que nos garante a verdade do conteúdo salvífico da Bíblia. Por isso, as Escrituras, na sua totalidade, só são assumidas como Palavra de Deus pela Igreja, mediante o modo como foram escritas, isto é, sob inspiração divina, e também em função do seu uso em âmbito eclesial. Portanto, a Escritura, na sua forma canônica, aparece como "lugar seguro" da Verdade da revelação, conforme *Dei Verbum* 11 (1991, p. 128)

É nessa ótica que podemos melhor compreender o papel dos apóstolos e de seus sucessores. Aqueles foram os primeiros a transmitir aquilo que receberam tanto do Antigo como no Novo Testamento. Estes, sucedendo aos apóstolos, na Igreja, continuaram os trabalhos de interpretação e atualização das Escrituras, inclusive ratificando o que a mesma Tradição atestava como sendo Livros Inspirados e, por isso, canônicos.

2.3 TRADIÇÃO E ESCRITURA

Umas das idéias fundamentais da *Dei Verbum* visa apontar que a Escritura é a expressão essencial da Tradição, enquanto destinada à transmissão da revelação. O esquema do segundo capítulo desse documento conciliar demonstra bem isso. Começa pela Sagrada Tradição, para somente depois apresentar as relações entre Tradição, Escritura e Magistério. Percebe-se aqui, uma outra seqüência de abordagem: não é mais a Escritura, a Tradição e o Magistério. Assim, parece já haver uma clara valorização da Tradição, já que ela conteria e, de certa forma, daria sentido às outras duas instituições.

A seu turno, o tema das relações entre Tradição e Escritura é visto dentro do aspecto de que esta é a materialização mais fundamental e importante daquela, sendo parte mesmo daquilo que se transmite. Ou melhor, as Escrituras, como as conhecemos, nascem dentro de uma tradição eclesial própria, no caso a apostólica. A Bíblia não é um livro qualquer. Pelo contrário, ela foi querida e inspirada por Deus, como elemento fundamental para a Igreja. Sua centralidade para a fé da Igreja está justamente na estreita ligação com a Tradição como seu ponto inicial, fundante. É nessa ótica que a *Dei Verbum* busca estabelecer as relações entre Tradição e Escrituras:

> A Sagrada Tradição e a Sagrada Escritura estão, portanto, entre si estreitamente unidas e comunicantes. Pois promanam ambas da mesma fonte divina, formam de certo modo um só todo e tendem para o mesmo fim. Com efeito, a Sagrada Escritura é Palavra de Deus enquanto é redigida sob a moção do Espírito Santo; a Sagrada Tradição, por sua vez, transmite integralmente aos sucessores dos Apóstolos a palavra de Deus confiada pelo Cristo Senhor e pelo Espírito Santo aos Apóstolos para que, sob a luz do Espírito Santo de verdade, eles, por sua pregação, fielmente a conservem, exponham e difundam (1991, n. 9, p. 127).

Essa passagem aparece como que uma síntese do que já fora abordado nos números anteriores, em preparação a afirmação de que há apenas uma fonte da Revelação. Se o Concílio de Trento havia distinguido Tradição e Escritura como fontes independentes (SESBOÜÉ, 2006, p. 440) o Vaticano II unifica-as no que refere à sua origem, finalidade e conteúdo. Elas fundam-se no Evangelho vivo, estando ambas a serviço da comunicação daquela experiência reveladora de Deus na história.

Com efeito, Tradição e Escritura não são grandezas paralelas, mas formam um todo, haja vista o círculo hermenêutico que se forma entre elas.

> A Tradição forma a Escritura que, por sua vez, impõe parâmetros ao prosseguimento da Tradição. A Tradição não pode se constituir à revelia e em dissonância com a Escritura. A Tradição testemunha a Escritura, interpretando-a, crendo nela (LIBÂNIO, 1992, p. 415).

Nessa mesma perspectiva, Sesboüé afirma que "a Tradição transmite o que a Escritura é no seu conteúdo, e a Escritura é sempre transmitida e recebida na continuidade viva da fé" (2006, p. 440), cujo ponto de sustentação dessa relação é a Palavra de Deus expressa de modos diferentes: uma escrita, outra, oralmente.

A Tradição, como já apontamos, é a responsável pela definição do Cânon dos livros Sagrados. A partir disso, Pié-Ninot (2001, p. 271) sublinha que a Tradição tem como função captar o sentido mais profundo das Escrituras, porque escritas sob o mesmo Espírito Santo. Essa relação vem recuperada implicitamente na seqüência do texto da *Dei Verbum* sobre as relações entre Tradição e Escritura:

> Resulta, assim, que não é através da Escritura apenas que a Igreja deriva sua certeza a respeito de tudo que foi revelado. Por isso ambas [Escritura e Tradição] devem ser veneradas com igual sentimento de piedade e reverência (DV, 1991, n. 9, p. 127).

Para Sesboüé (2004, p. 441), essa afirmação deixou margens para interpretações, no sentido de se postular que a Tradição seria mais envolvente do que a Escritura, no que tange à complementaridade entre elas. Diz Latourelle que "quanto a isso, o Concílio reconhece que o conteúdo objetivo da Tradição é mais amplo que o da Escritura" (1972, p. 393). Assim sendo, as Escrituras perderiam sua centralidade enquanto norma para a fé. Porém, não se trata mais de primazia de uma sobre a outra. A *Dei Verbum* deixa claro que há uma profunda unidade entre Escritura e Tradição, de forma que fica estabelecido que suas relações são mútuas e seus elementos são interdependentes.

Com efeito, o sentido da complementaridade entre Tradição e Escrituras não se dá em termos quantitativo, como se houvesse verdades encontradas apenas em uma delas. Pelo contrário, a complementaridade ocorre em termos de qualidade, no sentido do mútuo esclarecimento entre elas. Não se pode falar de uma em detrimento da outra, ou mesmo prescindir de qualquer uma delas para se fundamentar a experiência da fé segundo a revelação divina. Por exemplo, não é possível apoiar-se exclusivamente na Tradição como fundamento auto-suficiente dos dogmas marianos e do sacramento do matrimônio. As verdades de fé contêm referências escriturísticas e fundamentos bíblicos, também elementos ligados à Tradição. Nenhuma delas foi declarada como contida somente na Tradição, ou sem algum fundamento da Escritura. Se se fizer isso, corre-se o risco de se falsear a mensagem salvífica contida na revelação que os apóstolos legaram a Igreja de todos os tempos. O'Collins enfatiza também que não se pode identificar a revelação nem com a Tradição, nem com a Escritura, visto que elas são veículos de transmissão da Revelação Divina (O'COLLINS, 1991, p. 242-243).

Em outros termos, não pode se afirmar que há duas listas de verdades de fé, uma fundamentada na Tradição, outra nas Escrituras. E, se a Tradição é tida como menos precisa, as Escrituras aparecem como aquela garantia de que a definição de fé encontra-se em consonância com a experiência fundante da fé cristã-católica. Portanto, é nessa ótica que se pode dizer que as Escrituras, "assumiram uma função de importância excepcional para a definição e conservação do depósito da fé (....), componente fundamental e característico da verdadeira Igreja de Cristo" (PIÉ-NINOT, 2001, p, 510).

Tendo em vista o significado de cada uma dessas instâncias para a compreensão da fé da Igreja, A *Dei Verbum* recorda que a Tradição e Escrituras canônicas "são como o espelho em que a Igreja peregrinante na terra contempla Deus, de quem tudo recebe, até que chegue a vê-lo face a face com é" (DV, 1991, n. 7,2, p. 125). Elas são o depósito sagrado da palavra de Deus. Há uma referência direta aquele processo da revelação, do qual Tradição e Escrituras, a seu modo, configuram-se como institutos para sua conservação e comunicação aos crentes de todos os tempos. A veneração pedida no final do número nove da *Dei Verbum* só faz sentido enquanto ambas contém a verdade da revelação, isto é, da auto-manifestação de Deus na história, sobretudo a partir do evento da encarnação e ressurreição de Cristo.

3 MAGISTÉRIO ECLESIAL

3.1 MAGISTÉRIO OFICIAL

No latim clássico, a palavra *Magisterium* significava o papel daquele que é mestre na aplicação estrita do termo: podia ser mestre de um navio, dos servos, de uma arte ou profissão, ou também mestre de escolas. No sentido católico, o termo *magisterium* praticamente está associado à autoridade docente da hierarquia. Hoje, dentro das atuais circunstâncias da hierarquia da Igreja, o Magistério é referido ao grupo daqueles que têm a função de ensinar, isto é, o papa, o colégio dos bispos, os bispos em particular, enquanto ligado a Sé apostólica (LATOURELLE & FISICHELLA, 1994, p. 557-562).

Essa é uma discussão que pressupõe a dimensão do *sensus fidei* presente na Igreja. O *sensus fidei* é "como a capacidade que a fé viva tem nos féis e pastores, de penetrar o conteúdo de seu objeto e de desvelar-lhe o conhecimento. Refere-se tal conhecimento á revelação". (LIBANIO,1992, p. 425) Ou ainda, como explicita o Concílio Vaticano II, na *Lumem Gentium*:

> O conjunto dos fiéis, ungidos que são pela unção do Espírito Santo, não pode enganar-se no ato de fé. E manifesta essa sua peculiar propriedade mediante o senso sobrenatural da fé de todo o povo quando, desde os bispos até os últimos dos fiéis leigos, apresenta um consenso universal sobre questões de fé e de costumes (1990, n.12,1, p. 21).

O *sensus fidei* ainda pode ser uma espécie de inspiração, caracterizado por um conhecimento do sobrenatural, trazendo a presença do divino, por ocasião de uma reflexão, ou por uma iluminação do Espírito Santo, com o qual todos os batizados estão revestidos. Esse conhecimento indutivo, guiado pelo Espírito Santo, possibilita-nos reconhecer a presença de Deus mediante a graça da fé. Esse *sensus fidei*, presente em todos os membros da Igreja, incluindo também a hierarquia, conduz toda a realidade eclesial a uma unidade no assentimento da fé. E é por isso que quando a

Igreja, na sua totalidade, afirma algum conteúdo da verdade de fé, não pode conter erro, pois é impossível que a percepção intuitiva, comum a todos os fiéis, concedido pelos dons do Espírito Santo, não reflita sobre a verdade de Deus. Assim, é através da fé que todos os fiéis, incluindo a hierarquia, podem gozar da assistência do Espírito Santo e refletir sobre a verdade presente na Igreja, conduzida pelo Magistério Oficial (ARENAS, 1995, p. 194).

O Magistério, entendido como um serviço à palavra de Deus, gozando da sucessão apostólica e assistência do Espírito Santo, tem na Igreja a missão de ensinar com autoridade a ele conferida por Cristo. Também, o Magistério da Igreja, na suas expressões de caráter mais hierárquicas, enquanto integrante da comunhão eclesial, realiza junto ao povo de Deus funções específicas. Em outros termos, há, dentro da hierarquia da Igreja, fundamentalmente, duas formas oficiais: O Magistério ordinário ou não solene, e o Magistério extraordinário ou solene, que se desdobram em outras instâncias, a saber:

a) O Magistério ordinário ou não solene Esse é o caso da pregação normal docente da Igreja que se realiza através do ensino próprio de cada Bispo em sua Diocese Particular. Esta é a natureza do magistério que se exercita como testemunhas qualificadas da fé que receberam dos apóstolos e quando pregam a palavra de Deus em suas Igrejas, traduzindo-as para a vida do povo. Também os padres participam do Magistério ordinário ou não solene, quando em comunhão com os seus respectivos bispos atuando em suas paróquias. Também faz parte do Magistério ordinário os sínodos e as conferências dos bispos. O Papa também exerce um magistério ordinário ou não solene, que é referente a toda a Igreja. Pois, o Papa não está ligado a uma Igreja Particular e, por isso, exerce o seu Magistério em nome da Igreja Universal. E isso pode ser através da publicação de encíclicas, de exortações apostólicas ou até mesmo num Concílio geral que não invoca o poder de ensino extraordinário do Magistério em assuntos de verdade de fé. De outro modo, o Magistério Universal é constituído pelo exercício do Colégio Episcopal em união com o Romano Pontífice, que trata de assuntos referentes à Palavra de Deus Escrita ou transmitida pela Tradição, ou seja, o conteúdo da fé cristã católica. O sujeito desse Magistério é o Colégio dos Bispos em união com o Pontífice, tendo sua principal manifestação em sínodos apostólicos. E, que por essa união, conta, portanto, com a assistência do Espírito Santo. No entanto, tal manifestação não pode ser evocado para cada um dos bispos em particular, mas só em união com o Colégio dos Bispos

b) O Magistério extraordinário ou solene: de acordo com o Vaticano II, a Igreja toda é o lugar da infalibilidade, uma vez que ela manifesta ao mundo o sacramento universal da salvação, tendo como alicerce a presença de Cristo e seu Espírito. É daí que se pode entender a infalibilidade papal na Igreja.

Conforme afirma Arenas (1995, p. 195), "o Magistério extraordinário, é constituído pelos concílios, sínodos e conferências episcopais", que se reúnem em determinadas circunstâncias manifestando-se em questões doutrinais ou referentes a costumes. Ainda segundo esse autor, somente os concílios ecumênicos e o papa quando fala *ex-catedra* se manifestam de maneira infalível. É o caso, por exemplo, das deliberações doutrinas contidas nos documentos conciliares, que passam a ter validade universal, cuja revogação torna-se impossível. O que se faz em concílios, no entanto, é ampliar a compreensão de temas já definidos, como se verá expresso na *Dei Verbum* a respeito da discussão sobre Tradição e Escritura.

Esse Magistério solene é também exercido quando o Papa, agindo como Cabeça do Colégio episcopal, fala *ex-cátedra,* em assuntos de fé e moral. Isso não se dá de modo isolado, mas juntamente com toda a Igreja esposa de Cristo, que é depositaria dessa infalibilidade. Em outros termos, o Papa é infalível porque a Igreja em si o é, haja vista ser ela toda guiada pelo Espírito Santo. P

Por meio dessa ótica, compreende-se melhor a natureza do dogma da infalibilidade papal definido no Concílio Vaticano I (1870), no cânon 1839:

> Que o Romano pontificie quando fala *ex cathedra* – isto é, quando cumprindo Sua função de pastor e doutor de todos os cristãos –, define por sua suprema autoridade apostólica que uma doutrina sobre a fé e costumes deve ser assumida por toda Igreja Universal – , pela assistência divina que lhe fora prometida na pessoa do bem-aventurado Pedro, goza daquela infalibilidade de que o Redentor divino quis que estivesse provida sua Igreja na definição da doutrina sobre a fé e os costumes; e, portanto, que as definições do Romano Pontificie são irreformáveis por si mesmas e não pelo consentimento da Igreja. (DANZINGER, 1963, p. 427)

Já Arenas, interpretando o Vaticano II, diz que a doutrina da infalibilidade foi ratificada e explicitada dentro de uma relação maior com a colegialidade episcopal, e através da infalibilidade que goza a Igreja toda com a assistência do Espírito Santo. E é pela presença de Cristo e a assistência do Espírito Santo que se pode dizer que a Igreja é infalível. É nesse sentido que o papa agindo em função da Igreja também é infalível (ARENAS, 1995, p. 195-201).

Pode-se concluir que o Magistério eclesial em si procura conservar a unidade da Igreja, mesmo havendo dentro dessa muitos ministérios e expressões. Ele é também um devedor da fé que recebeu, no qual a hierarquia da Igreja, dada a sucessão apostólica, deve transmitir a mesma palavra de Cristo dentro de cada situação concreta da vida do cristão. Novamente se vê presente a dimensão de continuidade histórica das verdades reveladas contida nas Sagradas Escrituras.

3.2 TRADIÇÃO, ESCRITURA E MAGISTÉRIO

A *Dei Verbum,* capítulo 2, depois de abordar a Sagrada Tradição e ver estabelecer em que consistem as relações entre Tradição e Escritura, conclui ampliando essa discussão para o âmbito do Magistério. Se a Igreja se vê e se reconhece nas Sagradas Escrituras e na Tradição, o Magistério também se liga às relações que se dão entre essas realidades. E elas passam a ser vistas na ótica das verdades salvíficas reveladas, como aquela experiência fundamental da fé cristã na Igreja de Cristo.

A *Dei Verbum* apresenta essa temática sucintamente, porém sem nada perder em profundidade e alcance. O texto da DV 10 está estruturado em três aspectos:

a) Tradição e Escritura. Há a recuperação do lugar da Tradição e das Escrituras ao longo do processo de formação do *depositum fidei* na perspectiva do *sensus fidei* de toda a Igreja: fiéis e hierarquia. Vejamos:.

> A Sagrada Tradição e a Sagrada Escritura constituem um só sagrado depósito da palavra de Deus confiado; apegando-se firmemente ao

mesmo, o povo santo todo, unido a seus Pastores, persevera continuamente na doutrina dos Apóstolos e na comunidade, na fração do pão e nas orações (cf. At 2, 42 gr), de sorte que os bispos e os fiéis colaboram estreitamente na conservação, exercício e profissão da fé transmitida (DV, 1991, n.10,1, p. 127-128).

Nesse primeiro momento, parece que há uma preocupação do Concílio em esclarecer, de imediato, como o Magistério aparece diante da Tradição e Escritura, apontando, aqui, também, a discussão feita pela *Lumen Gentium* sobre *o sensus fidelium*. Não há nenhuma novidade doutrinal, porém, segundo Latourelle, esse parágrafo se mostrava necessário, porque "muitas vezes os protestantes (sic) têm a impressão de que nós subordinamos a Escritura ao Magistério e confundimos este último com a Tradição" (1992, p. 396). Por outro lado, o que se evidencia é que o depósito da fé pertence a Igreja toda para que ela possa vivê-lo, professando a fé recebida desde os apóstolos. Escrituras e Tradição, assim, dizem respeito, antes de tudo, à fé revelada, da qual o Magistério oficial é tributário.

b) Função do Magistério. Trata-se de uma temática que será abordada num item a parte deste trabalho. . No segundo parágrafo da DV 10, o Magistério aparece subordinado à Palavra de Deus que ele interpreta oficialmente, ou seja, "paradoxalmente, sua autoridade é de obediência" (SESBOÜÉ, 2006, p. 443). Assim, a Igreja, enquanto hierarquia, não se apresenta acima da Tradição ou da Escrituras, ou de ambas. O Magistério não as substitui seja quais forem as circunstâncias. A centralidade, de fato, não está em nenhuma dessas três instâncias, mas na Palavra de Deus, no Evangelho vivo. "A autoridade da Igreja se situa como subordinada à Jesus Cristo", destaca Pié-Ninot (2004, p. 251), ao se referir ao lugar do Magistério Oficial da Igreja no processo da transmissão da Revelação Divina. Em outros termos, embora o Magistério tenha um papel próprio diante das Escrituras e da Tradição, ele está a serviço mesmo é da revelação transmitida, a qual ele deve também mais do que guardar, fazer progredir na história humana.

Com efeito, pode-se dizer que não se considera que a Igreja Católica seja sozinha e em si mesma critério para as verdades de fé, porque dependente do deposito da fé formado pela Tradição e Escrituras. Arenas sublinha que a *Dei Verbum* "realmente, não dá ao Magistério a mesma importância que dá à Escritura e à Tradição"

(1995, p. 191), ou seja, ainda que se reconheça uma complementaridade necessária entre essas três instâncias da fé, o Magistério não é posto no mesmo nível da Tradição e da Escrituras. Essa postura contribuiria enormemente para com o movimento ecumênico, para a aproximação com as confissões religiosas evangélicas que justamente desconfiam do Magistério católico. Todos se vêem próximos porque destinatários e responsáveis pela mesma mensagem salvífica de Cristo.

c) Interdependência entre Tradição, Escritura e Magistério. A *Dei Verbum* estabelece que é da sabedoria divina que cada uma dessas instâncias precisam uma das outras para se constituir como tais, estando elas voltadas para a salvação. Assevera o texto conciliar:

> Fica, portanto, claro que segundo o sapientíssimo plano divino a Sagrada Tradição, a Sagrada Escritura e o Magistério da Igreja estão de tal maneira entrelaçados e unidos que um não tem consistência sem os outros, e que juntos, cada qual a seu modo, sob a ação do mesmo Espírito Santo, contribuem eficazmente para a salvação das almas (sic) (DV, 1991, n. 10,3, p. 128).

Esse é o último parágrafo do capítulo 2 da *Dei Verbum* que, de certa forma, estabelece em que bases as verdades da fé devem ser interpretadas – tema do terceiro capítulo desse documento – cuja tarefa cabe oficialmente ao Magistério da Igreja.

As três instâncias fundam-se primeiramente na estreita relação que há entre Tradição e Escrituras, conforme observa Latourelle: "Do mesmo modo que Tradição e Escritura são inseparáveis, assim também Tradição e Escritura são inseparáveis do Magistério, unidas em mútua interdependência" (1972, p. 399). É, portanto, a partir da unidade recíproca entre as primeiras, onde se assenta o *Depositum fidei,* que se forma o substrato comum e suas relações de complementaridade com o Magistério, e deste para com aquelas. Em outros termos, a solidariedade entre Tradição, Escrituras e Magistério é de tal modo que a negação de um implica também a desconsideração dos outros dois, com prejuízo para profissão da fé cristã. Nesse sentido, torna-se mais compreensivo como o Magistério oficial aparece como expressão objetiva da fé: ele retira seus aspectos normativos da normatividade existente já na

Tradição e nas Escrituras. O Magistério, assim, tem sua legitimidade segundo a legitimidade daquilo que é próprio do depósito da fé.

Há outra característica que garante essa solidariedade recíproca entre Tradição, Escritura e Magistério. A *Dei Verbum* aponta que o Espírito atua sobre os três, enquanto formando um único conjunto, e também a partir daquilo que é específico de cada uma. Ou melhor, a transmissão fiel e perene das verdades de fé cristã conta sobretudo com a assistência do Espírito Santo, ou seja, as Escrituras resultam da inspiração divina sobre os hagiógrafos, da mesma forma que o Magistério goza de assistência divina quando se pronuncia sobre o depósito da fé. Todavia, não se pode esquecer que o Espírito Santo opera mesmo é na Igreja de Cristo, à qual se encontram vinculadas e referidas mutuamente a Tradição, as Escrituras e o Magistério.

3.3 FUNÇÃO DO MAGISTÉRIO

Pelo que já foi apresentado até aqui, percebe-se que o Magistério funciona como um perito no que se refere à Palavra de Deus, o que podem ser também estendido às pesquisas teológicas. É função do Magistério, cuidar para que os avanços na pesquisa teológica na fira ou deturpe a fé da comunidade crente. Em determinadas circunstâncias, o Magistério deve pronunciar-se ou não necessariamente, havendo necessidades de intervenção. Os fiéis também, em função dos dons que receberam do *sensus fidelis*, devem reagir e responder a determinadas questões, quando o teólogo, com uma tese ou hipótese, fere a doutrina da revelação, bem como quando interfere na teologia fundante e fundamental do catolicismo. Também, pelo fato de a Igreja ser de comunhão de pessoas, todos têm o dever de defender a fé que receberam por herança. E o Magistério, dentro de uma escala hierárquica, tem a responsabilidade de olhar para muito além de si mesmo. Por isso, mesmo "o papa e os bispos em sua função magisterial não constituem um critério supremo, mas são obrigados a aderir e submeter-se à revelação salvífica de Cristo" (O'COLLINS, 1991, p. 254).

Nesse mesmo sentido, o Concílio declara que:

> O oficio de interpretar autenticamente a palavra de Deus escrita ou transmitida foi confiada ao magistério vivo da Igreja, cuja autoridade se exerce em nome de Cristo. Tal magistério não está acima da palavra de Deus, mas a seu serviço, não ensinando senão o que foi transmitido, no sentido de que, por mandato divino e com a assistência do Espírito Santo, piamente ausculta aquela palavra, santamente a guarda e fielmente a expõe. E deste único deposito da fé [o Magistério] tira o que nos propõe para ser crido como divinamente revelado (DV, 1991, 10,1, p. 128).

Latourelle (1972, 397-398), comentando esse número da *Dei Verbum,* analisa de modo breve e profundo a função do Magistério:

a) O Magistério ouve piedosamente a voz viva do Evangelho que ressoa continuamente a seus ouvidos, como o primeiro a experimentá-lo na fé que receberam;

b) O Magistério guarda Santamente a Palavra de Deus, isto é, cuida para nada perder, nada subtrair, nada acrescentar, assim como nada pode se acrescentar à Tradição. Contudo, o que pode é ampliar a compreensão que se tem da Palavra Deus e as explicações sucessivas com a qual se transmite a inesgotável riqueza das Escrituras para iluminar gerações futuras. Disso, segue-se que é função do Magistério ser o guardião da Revelação, por isso, deve proteger a palavra de Deus contra os desvios, deslizes heresias e outras deformações;

c) O Magistério deve expor aos homens de todos os tempos a Palavra de Deus atualizando aquilo que está obscuro. Tal missão pode ser tanto do Magistério Ordinário, como Magistério Extraordinário;

d) O Magistério haure da fonte viva que é a Palavra de Deus tudo quanto propõe à fé como divinamente revelada, mas tudo que propõe já se encontra no *Depositum fidei.* De certa forma, tudo isso se dá através do esforço de propor e aprofundar o conhecimento da Palavra de Deus, sem se descurar do seu objeto interior, a fé na revelação, que é o próprio Deus.

O Magistério eclesial participa “da transmissão da revelação através de toda a Igreja, na qual todos os membros participam do ministério profético de Cristo” (ARENAS, 1995, p. 195). De certa forma, o múnus de ensinar está ligado ao ministério especial da Igreja entendido como o Magistério. Essa função magisterial goza em plenitude da assistência do Espírito Santo, para exercer um serviço à Palavra de Deus devendo empenhar-se na reta interpretação das Sagradas Escrituras e de transmissão do dado revelado ao povo de Deus. De certa forma, a função de ensinar pertence ao Magistério, contudo "toda a Igreja participa assim da missão docente do senhor, mas com missão especial e como magistério oficial da Igreja, somente a hierarquia" (ARENAS, 1995, p. 195). O Magistério da Igreja tem a função de transmitir a todos os povos a mensagem da verdade com o poder e autoridade de Cristo. Pois, a Igreja tem em Pedro e no colégio dos apóstolos, no primado do Papa e no colégio episcopal, seu governo e sua autoridade por mandato do Senhor. Daí segue-se que o Papa como Cabeça do colégio episcopal, tem o "poder" e a missão de transmitir a doutrina dos apóstolos (ARENAS, 1995, p. 195). Com efeito, o Magistério valoriza o papel da Tradição e se colocando como referencial de credibilidade para com a interpretação da Palavra de Deus, juntamente com vivência na vida cotidiana do povo de Deus. O Magistério é sempre um servidor da Palavra, cabendo então para si a missão de ensinar o conteúdo da verdade de fé na íntegra. E, com ela, o dever de corrigir os desvios e advertir os equívocos e heresias que geram distúrbios no ceio da comunidade, fadigando a doutrina católica, colocando em risco a unidade da Igreja.

Também Latourelle e Fisichella afirmam que o Magistério Oficial da Igreja não quer suprimir a autoridade do teólogo ou do exegeta de interpretar a Palavra de Deus, com a autoridade que seu saber lhe concede. Por outro lado, não deixam de observar que somente os pastores da Igreja herdaram o mandato que Cristo deu aos apóstolos de ensinar em seu nome com autoridade conferida pela inspiração que a Tradição apostólica contém. Por isso, cabe dizer que quem houve ao Magistério, ouve a Cristo e quem o rejeita, rejeita a Cristo que o enviou (LATOURELLE & FISICHELLA, 1994, p. 557-562).

É função do Magistério, então, oferecer à Igreja uma releitura hermenêutica de interpretação da Bíblia e da Tradição. Exercendo o seu múnus de ensinar e se manifestar em assuntos morais ou doutrinais. Atualizando a Palavra de Deus, adequando às novas realidades que os tempos atuais exigem da Igreja, hoje. E, assim, de certa forma, o Magistério é o vigia, sempre alerta às questões da Igreja. É ao depósito da fé, o *Depositum fidei,* que pesa a Igreja o dever de conservar a sã doutrina, e transmitir ao mundo, gozando da assistência do Espírito Santo.

Enfim, a Igreja católica, através de seu Magistério, conserva com clareza, a mensagem que recebeu de gerações anteriores, contando com a assistência do Espírito Santo no que se refere ao discernimento da mensagem transmitida. Desse modo, o fiel católico participa desfrutando daquele discernimento que o Magistério exercita em serviço a toda a Igreja, e juntos guardam, o *Depositum fidei,* como Paulo advertia Timóteo em uma de suas cartas (2Tm 1,14): "Guarda o bom depósito, por meio do Espírito Santo que habita em nós" (BÍBLIA, 2002, p. 2075).

CONSIDERAÇÕES FINAIS

Como fora apresentado, neste trabalho, sua base é o esquema da *Dei Verbum* e, faz o mesmo percurso desse documento, partindo das relações existentes entre a Revelação e a Escritura, tendo Cristo como plenitude dessa Revelação, explicitando como se dá a Inspiração e Revelação Bíblica, bem como todo o processo da escrita e a canonização dos livros Sagrados.

No que se refere à Revelação, o texto explicita que o mistério da auto-manifestação de Deus na história humana acontece de modo dinâmico e, evidencia como o homem foi descobrindo e relacionando-se com Deus. Esta Revelação foi descoberta através da experiência dos patriarcas, prosseguindo com os profetas, chegando à plenitude em Jesus Cristo, continuando com seus apóstolos e discípulos até os dias de hoje. E a centralidade da Auto-manifestação de Deus está no mistério da Encarnação de seu Verbo, ápice e centro da Revelação de Deus na história humana. É a partir de Jesus Cristo, homem marcado pela historicidade e fragilidade, que nós tivemos acesso a Deus-amor e misericordioso, que se Revela Salvando. Essa mesma Auto-manifestação de Deus foi sendo construída, transmitida e posteriormente escrita, sob a inspiração do Espírito Santo. Conferindo à Bíblia uma autoria divino-humana, que pode conter erros de forma, por ser obra humana, mas nunca de conteúdo por ser também obra divina. E é por ser obra divina e humana que as Escrituras podem ser interpretadas e, posteriormente, atualizadas pelo Magistério da Igreja, que é o seu guardião, e também pelos teólogos e, por fim, todo o povo de Deus, que goza da assistência do Espírito Santo.

Acredita-se que foi essa assistência do Espírito Santo quem nos inspirou e nos conduziu ao elaborar uma tentativa de síntese, na área de dogmática, referente à Tradição, Escritura e Magistério e suas múltiplas relações. E, dessa forma, percebemos que autores renomados comentavam a *Dei Verbum* tendo o documento conciliar como texto base de suas teses. Entretanto, por ocasião de estudos sistemáticos na área de Teologia Fundamental, já havia lido o texto referente a esse documento e, na oportunidade, por falta de um melhor conhecimento teológico, não fora possível aperceber-se de tamanho tesouro que está contido nessa Constituição Dogmática do Vaticano II sobre a Revelação Divina.

O conteúdo da *Dei Verbum* vislumbra-se para um horizonte obscuro do processo da auto-manifestação de Deus na historicidade humana, contando com a criatura para salvar a criação. O texto da *Dei Verbum* é ótimo para se compreender o alcance e as implicações da Revelação para o ser humano e para a Igreja. Vale ressaltar que a *Dei Verbum* explicita que: "Ouvindo religiosamente a Palavra de Deus e proclamando-a com confiança [...]" (1991, n,1, p.121), parece revelar que o Santo Concílio está aberto à ação do Espírito Santo, o que transparece nos debates, tanto nas aulas conciliares quanto fora dela, e também na elaboração dos esquemas como foi o caso específico da *Dei Verbum*, esse documento base do texto que foi desenvolvido.

Portanto, pode-se concluir que a auto-manifestação de Deus na realidade humana está explicitada nas relações existentes na Tradição, Escritura e Magistério, que são indissociáveis. Dessa forma, esse trabalho de conclusão de curso foi desenvolvido com o intuito de explicitar como essas estruturas relacionam-se sem perder de vista a unicidade que há entre elas. E ainda como a Revelação pode ser o fundamento da Teologia Fundamental, permitindo refletir e avançar a compreensão teológica de modo atualizado. Assim, entre Tradição, Escritura e Magistério há uma interdependência indissociável, em torno do conteúdo da Revelação.

REFERÊNCIAS

ARENAS, Octavio Ruiz. ***Jesus, Epifania do amor do Pai***. São Paulo: Loyola, 2001.

BÍBLIA DE Jerusalém. São Paulo: Paulus, 2002.

BLANK, Renoud J. ***Deus na História*** *Centro temático da revelação*. São Paulo, Paulinas, 2005

CATECISMO DA Igreja Católica. São Paulo, Loyola, 1993.

DANZINGER. Enrique. ***El Magistério de la Iglesia***. Barceona: Editoral Herder, 1963.

Dei Verbum. Constituição dogmática sobre revelação divina (1964). In: COMPÊNDIO Do Vaticano II. Constituições, Decretos e Declarações. 22.ed. Petrópolis: Vozes, 1991.

LATOURELLE, René. ***Teologia da Revelação***. 3.ed. São Paulo, Paulinas, 1972.

LATOURELLE, René; FISICHELLA, Rino. ***Dicionário de Teologia Fundamental***. Petrópolis: Vozes; Santuário, 1994.

LIBANIO, João Batista. ***Eu Creio, nós Cremos*** – *Tratado da fé*. São Paulo: Loyola, 2000.

______. ***Teologia da Revelação a partir da Modernidade***. 4.ed. São Paulo: Loyola, 2000.

Lumen Gentium. Constituição Dogmática sobre a Igreja (1964). 9.ed. São Paulo: Paulinas, 1990.

MACKENZIE, John. L. ***Dicionário Bíblico.*** 4.ed. São Paulo: Paulus, 1984.

O'COLLINS, Gerald. ***Teologia Fundamental***. São Paulo: Loyola, 1991.

PIÉ-NINOT, Salvador. ***La Teología Fundamental***. 4.ed. Salamanca: F. Villalobos, 2001.

SESBOÜÉ, Bernard. A Comunicação da Palavra de Deus: Dei Verbum. In: SESBOÜÉ, Bernard; THEOBALD, Christoph. **A Palavra da Salvação.** São Paulo: Loyola, 2006. História dos Dogmas, tomo IV.

Printed by Books on Demand GmbH, Norderstedt / Germany